頭がよくなる

ベラボットの ルンルン♪ めいろ

キャラクター監修
Pudu Robotics Japan

脳科学監修
篠原 菊紀

西東社

はじめに
「めいろ」は子どもの将来にとってだいじな実行機能を育てます

　めいろは子どもたちに人気のあそびですが、脳科学の観点からいうと、目標を達成するために自分の考えや感情をコントロールする「実行機能」を鍛えるのに役立つ、非常に有効なあそびです。

　この実行機能は、「作業記憶（ワーキングメモリ）」「行動の抑制」「頭の切り替え」という3つの要素から成り立っています。めいろあそびで、「作業記憶（ワーキングメモリ）」は、「障害物のあるところは通れない」「この道の先は行き止まり」といったルールや情報を、一時的に記憶して適切に操作する力です。「行動の抑制」は「道をはみださないようにたどる」「A ➡ B ➡ C をくり返してゴールする」といった課題において、つい別ルートを通りたくなるのをぐっとがまんするような力です。「頭の切り替え」は、行き止まりとなってしまったときに、ひとつ前の分岐点に戻って別のルートをたどってみるなど、対応を柔軟に切り替えて思考錯誤しながらゴールにたどりつく、そういった力です。

　これらの力が、子どもの目標を達成する力を育て、将来的に社会生活や学習において重要な基盤となるのです。ただし、いかに大事な機能を鍛えるめいろでも、たのしくなければ効果は上がりません。たのしく取り組めれば、やる気にかかわる線条体が活性化し、記憶に関係する海馬にドーパミンが働いて記憶効率を高め、運動関連野にも働いてスキルが身につきやすくなります。チャーミングなネコ型のロボットキャラクターと、ぜひたのしみながら、子どもの将来にとってだいじな実行機能を育ててください。

　そして、このたのしさを加速するのに、親御さんの見守りや言葉かけがだいじです。ユーモアを交えながら、お子さんの実行機能の芽を育ててください。

公立諏訪東京理科大学特任教授
脳科学監修　**篠原菊紀**

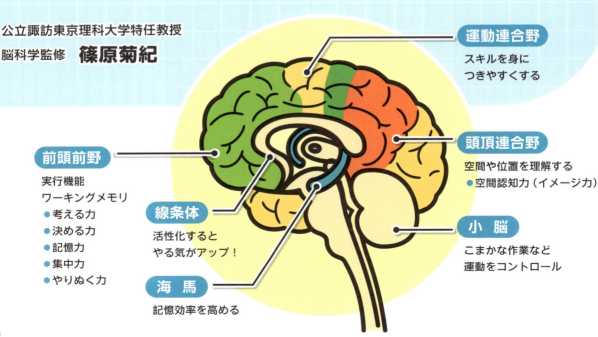

前頭前野
実行機能
ワーキングメモリ
- 考える力
- 決める力
- 記憶力
- 集中力
- やりぬく力

線条体
活性化すると
やる気がアップ！

海馬
記憶効率を高める

運動連合野
スキルを身に
つきやすくする

頭頂連合野
空間や位置を理解する
- 空間認知力（イメージ力）

小脳
こまかな作業など
運動をコントロール

脳力をアップする
3大ポイントと本書のくふう

ポイント1
「たのしい♪」がやる気を引き出す

子どもから大人まで、出会うとつい笑顔になるキャラクターのめいろだから、たのしく取り組めます。最先端技術が詰まったロボットは、STEAM教育の刺激にもなります。

グッドスパイラル

ポイント2
「達成感」でやる気が続く

探索型のめいろを特徴別に6タイプに分類し、まずは探索型をメインに「入門コース（レベル1〜2）」、「マスターコース（レベル3〜4）」、と少しずつレベルアップしていきます。「できた！」で終わり、達成感を味わうことができる構成です。マスターできたら、探索型のなかに条件がプラスされた「チャレンジコース」へと進みましょう。

探索型めいろの6タイプ

- **直線めいろ**：考える力と決める力と記憶力があわさったワーキングメモリを鍛える。
- **立体めいろ**：立体視する力＝空間認知力（イメージ力）がより育つ。
- **カーブめいろ**：先が見通しづらく注意が散りやすいため、集中力がより育つ。
- **部屋めいろ**：道のかたちに見えないため、思考力（考える力）がより育つ。
- **枝めいろ**：道路のようなめいろで、景色に迷わされず方向を判断する力（決める力）がより育つ。
- **一本道めいろ**：たどっている道を外れないように、指先の巧緻性、注意と集中力の持続（やりぬく力）がより育つ。

ポイント3
「うれしい」がやる気を加速する

めいろが解たらぜひほめてあげましょう。線条体が行動と快感をマッチングさせて、学習効率を高めます。「そこちがう！」などとダメ出しして、へこませるのはNG。まちがえてもいいので、正解まで導いてあげることがだいじです。

各ページの最後にベラボットの吹き出しを設けています。めいろが解けたらベラボットになりきってコメントを記入してあげましょう！

ネコ型(がた)はいぜんロボット

「ベラボット」とめいろをたのしもう!

「ベラボット」は、さいせんたんのぎじゅつがつまったスーパーロボット。せかいじゅうのレストランでおりょうりをはこぶしごとをして、かつやくしているよ。たくさんのざせきがならび、いろいろな人(ひと)がとおるつうろも、もくてきのばしょにむかってじどうでスイスイすすむんだ! そう、ベラボットはめいろが大(だい)のとくい!
ベラボットのことをしって、いっしょにめいろをたのしもう!

プロフィール

{ なまえ }
ベラボット

{ あいしょう }
ネコロボ
ベラちゃん
ネコちゃん

{ たんじょうび }
2019年12月

{ しんちょう }
129センチ

{ たいじゅう }
55キロ

ベラボットののうりょく

1 しょうがいぶつをよけられるニャ

あたまの上とくび、あしもとにカメラがついていて、しょうがいぶつをかくにんしているよ。
あぶないときは、0.5びょうというはやさで止まることができるんだ。

2 もくてきのばしょにとどけられるニャ

まよわずじどうで、おりょうりをもくてきのテーブルにとどけるよ。なんと、40キロまでものをはこべるんだ！

3 ひょうじょうできもちをつたえるニャ

わらったり、おこったり、いねむりしたり…
10しゅるい以上のひょうじょうがあるよ。
かおをよくみてみてね！

4 おしゃべりができるニャ

ことばでいろいろなことをつたえてくれるよ。
ベラボットのおはなしをよくきいてみてね！

おまたせいたしました～

かんりょうをおしてニャ

5 なかまとつうしんできるニャ

おなじエリアのベラボットどうしでつうしんし合って、うごきかたをちょうせいしているよ。

とまるニャ

さきにすすむニャ

よけるニャ

6 くりかえしがんばれるニャ

ベラボットはとってもがんばりやさん。
とどけてはもどって、なんかいでもせいかくにおしごとをこなすよ。

この本の たのしみ方

✓ ステップ 1
めいろのタイプをチェックしよう！
6しゅるいのめいろが、すこしずつレベルアップしていくよ。とくいなめいろはどれかな？

直線めいろ まっすぐな線でくぎられた道をすすむめいろだよ。線はかべだから、とおれないよ。

カーブめいろ まがった線でできためいろだよ。カーブの道がたくさんあるから、かべにきをつけよう。

枝めいろ 道をすすんで行くと、木の枝のように道がわかれているめいろだよ。すすむ道をきめよう！

立体めいろ 道が上や下にもあるめいろだよ。いまとおっているいちをしっかりイメージしてね！

部屋めいろ かべでくぎられた、おうちの部屋のようなめいろだよ。出入り口から部屋をいどうしてぬけだそう！

一本道めいろ 道はわかれていないけれど、ロープのようにまがりくねっているよ。道をはずれないようにね！

おうちの方へ
「チャレンジコース」は、これらに条件がプラスされるため、条件の種類を明示しています。

✓ ステップ 3
色えんぴつでめいろをとこう！
すきな色をえらんで、めいろにちょうせんしよう！行き止まりになってしまったら、色をかえてさいちょうせんすると、わかりやすいよ！

✓ ステップ 2
めいろをクリアしてパワーアップ！
この本のめいろをたのしむと、ベラボットのように頭がよくなるよ。とくにどのような力がアップするか、チェックしてね！

✓ ステップ 4
ニャンもんにもちょうせんしよう！
「みつけて」や「クイズ」「なぞなぞ」など、ベラボットからのニャンもんだよ。ベラボットにもさらにくわしくなれるよ。

✓ ステップ 5
おうちの人にコメントをもらおう！
めいろがクリアできたら、おうちの人にベラボットになりきってかいてもらおう。

キャラクターしょうかい

ひなた
ねこが大すき。いえのちかくのレストランにネコロボがやってきたときいて、きょうみしんしん！

おばあちゃん
とってもやさしい、ひなたのおばあちゃん。ひなたとのおさんぽがたのしみ。

まんまる
みけねこ。名づけおやは、ひなた。

店長さん
にこにこえがおで、テキパキおしごと。ベラボットはたのもしいそんざい。

ロボットインストラクター
レストランとベラボットをしりつくす、すごい人。こまったことがあればかけつけて、かいけつしてくれる。

ルン♪ルン

ベラボット

いっしょに がんばろう ニャ〜

さあ、めいろに しゅっぱつするニャ！！

もくじ

はじめに ——————— 2
「ベラボット」とめいろをたのしもう！— 4
この本のたのしみ方 ——————— 6

■ 入門コース

1 直線めいろ …… レベル ⭐ レストランでまってるニャ ——————— 10

2 カーブめいろ・ レベル ⭐ ハロー！「ベラボット」 ——————— 11

3 枝めいろ ……… レベル ⭐ おりょうりをとどけるニャ ——————— 12

4 立体めいろ …… レベル ⭐ だんさをさけてすすもう！ ——————— 13

5 部屋めいろ …… レベル ⭐ とおり道をふさがないで① ——————— 14

6 一本道めいろ レベル ⭐ おりょうりをはこぶのは？ ——————— 15

7 直線めいろ …… レベル ⭐⭐ おまたせいたしました！ ——————— 16

8 カーブめいろ・ レベル ⭐⭐ なでなでされてうれしいニャ ——————— 17

9 枝めいろ ……… レベル ⭐⭐ かんりょう！しつれいするニャ ——————— 18

10 立体めいろ …… レベル ⭐⭐ おとしものにきをつけて ——————— 19

11 部屋めいろ …… レベル ⭐⭐ とおり道をふさがないで② ——————— 20

12 一本道めいろ レベル ⭐⭐ じゅうでんでパワーチャージ ——————— 21

スペシャル まちがいさがし **1** ——————— 22

■ マスターコース

13 直線めいろ …… レベル ⭐⭐⭐ こうえんであそぼう！ ——————— 24

14 カーブめいろ・ レベル ⭐⭐⭐ おいしいできたてハンバーグ ——————— 25

15 枝めいろ ……… レベル ⭐⭐⭐ おしごとがんばるニャ ——————— 26

16 立体めいろ …… レベル ⭐⭐⭐ ベラボットはトレーニング中① ——————— 27

17 部屋めいろ …… レベル ⭐⭐⭐ ベラボットをたすけてあげて① ——————— 28

18 一本道めいろ レベル ⭐⭐⭐ ひょうじょうがいっちするのは？ ——————— 29

19 直線めいろ …… レベル ⭐⭐⭐⭐ きょうもベラボットに会いに行こう！ ——————— 30

20 カーブめいろ・ レベル ⭐⭐⭐⭐ パスタとピザをちゅうもんしたよ！ ——————— 32

21 枝めいろ ……… レベル ⭐⭐⭐⭐ 22番テーブルにおとどけするニャ ——————— 34

22 立体めいろ …… レベル ⭐⭐⭐⭐ ベラボットはトレーニング中② ——————— 36

23 部屋めいろ …… レベル ⭐⭐⭐⭐ ベラボットをたすけてあげて② ——————— 38

24 一本道めいろ レベル ⭐⭐⭐⭐ おしゃれでキュートなベラボット ——————— 40

スペシャル まちがいさがし **2** ——————— 42

🐱 チャレンジコース

№	種類	レベル	タイトル	ページ
25	順序めいろ	レベル ⭐	じゅんばんにたべよう	44
26	制約めいろ	レベル ⭐	ねこちゃんパラダイス	45
27	集めるめいろ	レベル ⭐	まんまるのおたのしみ	46
28	ワープめいろ	レベル ⭐	つうしんしてワープだ！①	47
29	階層めいろ	レベル ⭐	ベラボットとあそびたい①	48
30	指示めいろ	レベル ⭐	ベラボットとすごろく	49
31	順序めいろ	レベル ⭐⭐	ごはんのときのごあいさつ	50
32	制約めいろ	レベル ⭐⭐	つうろをきれいにおそうじ	51
33	集めるめいろ	レベル ⭐⭐	スターをあつめてスターになろう！	52
34	階層めいろ	レベル ⭐⭐	デパートのレストランへ	54
35	ワープめいろ	レベル ⭐⭐	つうしんしてワープだ！②	56
36	指示めいろ	レベル ⭐⭐	ベラボットはガイドさん	57
37	順序めいろ	レベル ⭐⭐⭐	じゅんばんにとどけるニャ	58
38	制約めいろ	レベル ⭐⭐⭐	パワーチャージしながらすすめ！	59
39	集めるめいろ	レベル ⭐⭐⭐	おさらをあつめるニャ	60
40	ワープめいろ	レベル ⭐⭐⭐	つうしんしてリレーだ！	61
41	階層めいろ	レベル ⭐⭐⭐	ベラボットとあそびたい②	62
42	指示めいろ	レベル ⭐⭐⭐	どっちがさきにゴールするかニャ？	63
43	順序めいろ	レベル ⭐⭐⭐⭐	コインをあつめよう	64
44	制約めいろ	レベル ⭐⭐⭐⭐	ベラボットにきをつけて	65
45	集めるめいろ	レベル ⭐⭐⭐⭐	ちゅうもんのおりょうりをぜんぶのせて	66
46	ワープめいろ	レベル ⭐⭐⭐⭐	デザートをおとどけするニャ	68
47	階層めいろ	レベル ⭐⭐⭐⭐	デパートでおかいもの	69
48	指示めいろ	レベル ⭐⭐⭐⭐	おうちまでおみおくりするニャ	70

こたえ ── 72～79

めいろをつくってみよう！ ── 79

直線めいろ　レベル ★☆☆☆

1 レストランでまってるニャ

パワーアップ

ひなたはおばあちゃんと、ネコロボがかつやくするレストランにむかったよ。
スタートからゴールまですすもう！ ネコロボに会えるかな？

クイズ　とうちゃくしたレストランのなまえは？

カーブめいろ レベル ★☆☆☆

2 ハロー！「ベラボット」

はじめまして。なまえは「ベラボット」というよ。
スタートからゴールまですすんで、かおをしっかりおぼえてね！

なぞなぞ　おどろいたとき、ねこはなんとなくでしょう？

枝めいろ レベル ★☆☆☆

3 おりょうりを とどけるニャ

ベラボットは、テーブルばんごうがセットされると、じどうでおりょうりをはこぶよ。人をよけながら、ゴールをめざそう！

みつけて　水をはこんでいる店長さんはどこかな？

立体めいろ　レベル ★☆☆☆

4 だんさをさけて すすもう！

入門コース

ベラボットは、いろいろなレストランで大かつやく！　ほそいつうろもスイスイすすんでいくよ。だんさをさけて、ゴールをめざそう！

クイズ　りょうりをのせたベラボットのトレーはなに色に光る？

13

部屋めいろ　レベル ★☆☆☆

とおり道を ふさがないで①

ベラボットは、線があいているとなりの部屋にすすめるよ。
ベラボットがすすめる部屋をよけながら、ゴールをめざそう！

ルール ○[🐈]×○ とおれない／とおれる

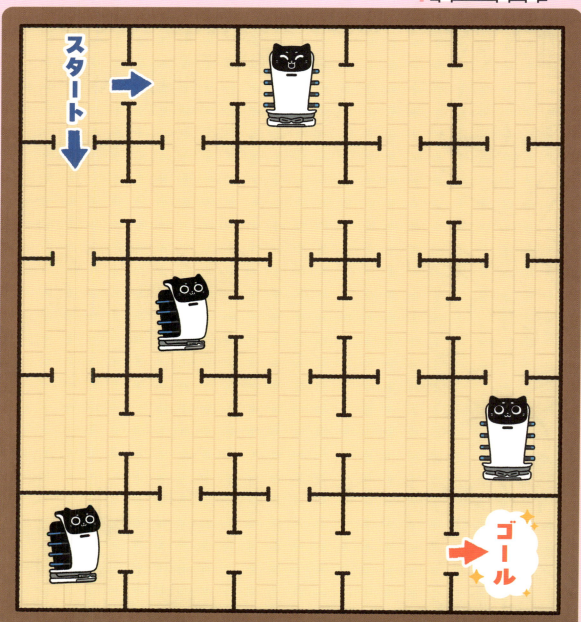

クイズ　にほんで「こううんをまねく」とされるねこは？

一本道めいろ レベル ★☆☆☆

6 おりょうりを はこぶのは？

ひなたのせきのおりょうりがかんせい！ はこんでくれるベラボットはどれかな？
ラインをたどって、あ〜うからさがそう！

クイズ ベラボットのトレイはなんだん？

入門コース

直線めいろ　レベル ★★☆☆

7 おまたせ いたしました！

ルンルン♪　おんがくにのって、ひなたのテーブルをめざすベラボット。
スタートからゴールまですすんで、おりょうりをとどけよう！

ニャんもん　しつもん　いちばんすきなりょうりはなにかな？

カーブめいろ　レベル ★★☆☆

なでなでされて うれしいニャ

おでこや耳をなでなでしながら、ゴールをめざそう！
ベラボットはたくさんのひょうじょうをみせてくれるよ。

クイズ　ベラボットはさわられすぎるとどうなるかな？

9 かんりょう！しつれいするニャ

枝めいろ　レベル ★★☆☆

おきゃくさんがトレーからおりょうりをうけとったら、ベラボットはつぎのおしごとへと、もどって行くよ。

みつけて　すかいらーくのマスコット「ひばり」をみつけて！

立体めいろ　レベル ★★☆☆

10 おとしものに きをつけて

ベラボットは、つうろのしょうがいぶつをセンサーではっけん！
ちがうルートをえらんで、ゴールをめざすよ！

みつけて　おとしものの「ぬいぐるみ」をみつけてあげて！

部屋めいろ

11 とおり道を ふさがないで ②

ベラボットは、線があいているとなりの部屋にすすめるよ。
ベラボットがすすめる部屋をよけながら、ゴールをめざそう！

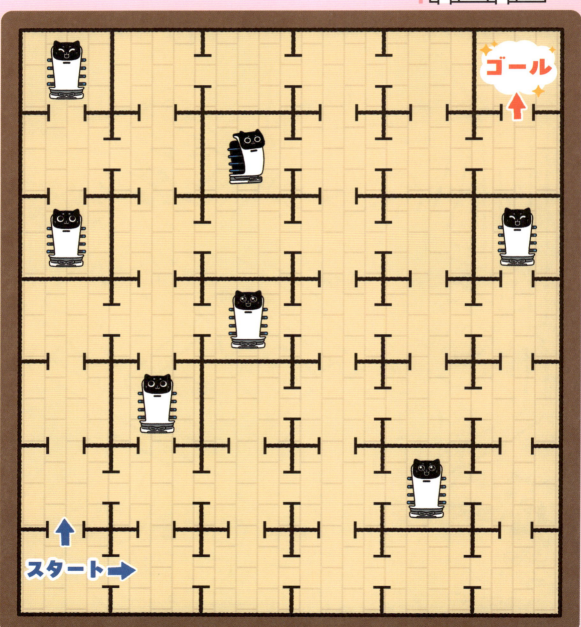

一本道めいろ レベル ★★☆☆

12 じゅうでんで パワーチャージ

じゅうでんがたりなくなると、おしらせしてくれるベラボット。
つながっているコンセントはどれかな？

クイズ　ベラボットはなんのエネルギーでうごくかな？

13 こうえんで あそぼう！

ひなたはおばあちゃんと、きんじょのこうえんにやってきたよ。
スタートからゴールまで、あそびながらすすもう！

 しつもん　こうえんのおきにいりのゆうぐはなに？

カーブめいろ　レベル ★★★☆

14 おいしいできたて ハンバーグ

たっぷりあそんだあとは、ランチタイムだ！　ハンバーグがたべたいな。
ほかほかのゆげの中を、スタートからゴールまですすもう！

クイズ　あついたべものがにがてなことを、なんという？

枝めいろ　レベル

15 おしごと がんばるニャ

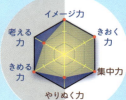

ベラボットは、きょうもおおいそがし。りょうりをトレーにのせて、だれにもぶつからないように、ゴールをめざすよ！

みつけて　「ひばり」とはちがうとりがまぎれているよ。どこかな？

立体めいろ　レベル ★★★☆

16 ベラボットはトレーニング中①

ベラボットが走行トレーニングをしているよ。
ぶつからないように、ゴールをめざそう。

ルール
- はしごは、のぼったりおりたりできる。
- はしの下は、とおりぬけられる。

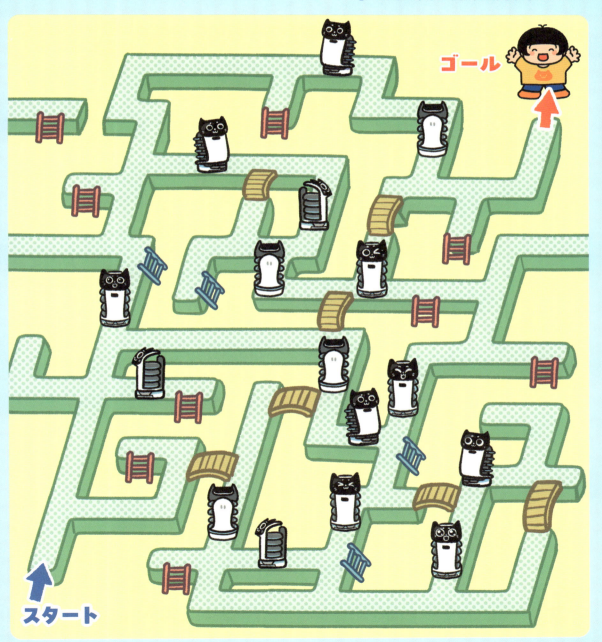

みつけて　うしろむきのベラボットを、ぜんぶみつけて。

マスターコース

部屋めいろ　レベル ★★★☆

17 ベラボットを たすけてあげて①

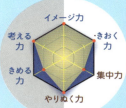

まん中の部屋で、ベラボットがうごけなくなってしまったみたい。
どちらかのスタートから出入り口をぬけて、ゴールできるようにしてあげて。

ニャンもん　クイズ　部屋のかずは、ぜんぶでいくつ？

一本道めいろ

レベル ★★★☆

18 ひょうじょうが いっちするのは？

マスターコース

ベラボットは、ひょうじょうがとってもゆたかでかわいいね。
おなじひょうじょうでつながっている道をさがそう。

じっくり たどろう！

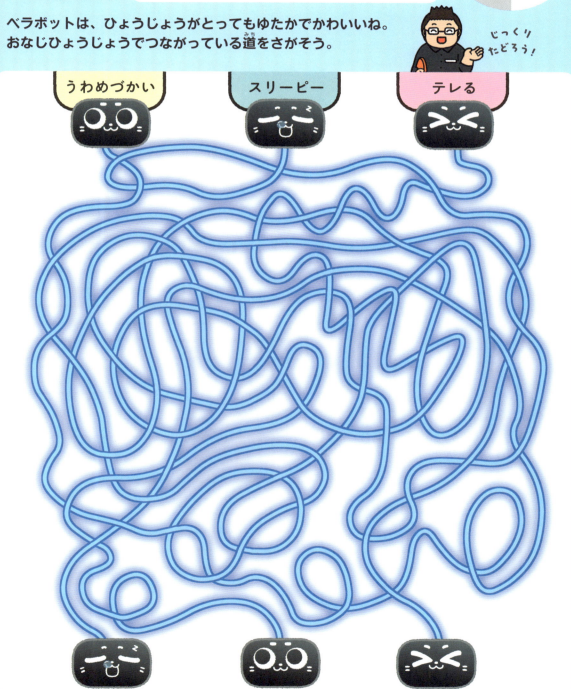

クイズ うまれたばかりの子ねこの目は、なに色かな？

29

直線めいろ レベル ★★★★

19 きょうもベラボットに会いに行こう！

おばあちゃんと、のんびりおさんぽしながら、
ゴールのレストランをめざそう！ ベラボットはどうしているかな？

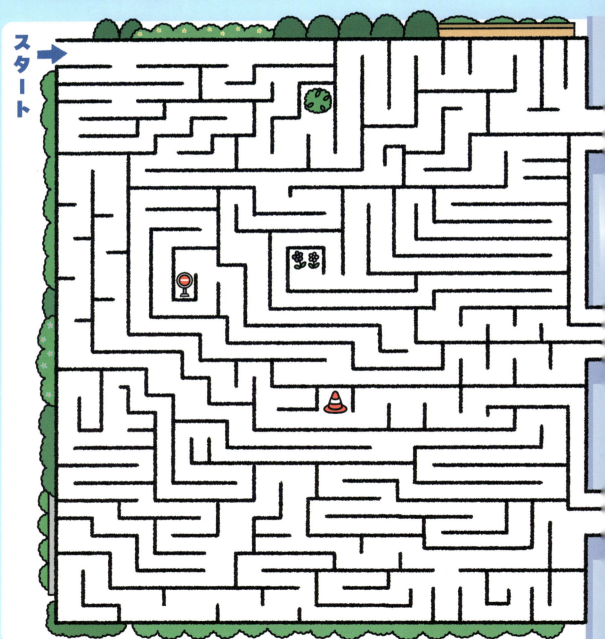

おしえて このめいろは、むずかしかったかな？

あきらめずに やりきろう!

カーブめいろ　レベル ★★★★

20 パスタとピザを ちゅうもんしたよ！

こどもからおとなまで、みんな大すきなメニューだね。
スタートからゴールまで、おりょうりをたんのうしよう。

おしえて　すきなパスタ（スパゲッティ）のしゅるいは？

すごくこまかいけれど
チャレンジだ☆

33

マスターコース

枝めいろ　レベル ★★★★

21　22番テーブルにおとどけするニャ

おきゃくさんがたくさんいても、ベラボットはだいじょうぶ。
ぶつからないようにスイスイすすんで、ゴールのテーブルにとどけるよ。

クイズ　絵のきせつはいつかな？　絵をよーくみてかんがえよう！

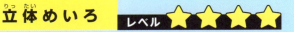

22 ベラボットはトレーニング中②

ベラボットの走行トレーニングがつづいているよ。
ぶつからないように、ゴールをめざそう。

ルール
- はしごは、のぼったりおりたりできる。
- はしの下は、とおりぬけられる。

クイズ　ベラボットはぜんぶでなんだい？

いっしょに
がんばろうニャ～

ゴール

マスターコース

部屋めいろ　レベル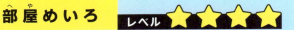

 23　ベラボットを
たすけてあげて ②

またベラボットがうごけなくなってしまったようだよ。
どちらかのスタートから出入り口をぬけて、ゴールできるようにしてあげて。

ニャンもん　クイズ　ねずみのおもちゃがある部屋は、上から○部屋、左から○部屋目かな？

まあ、たいへん！
だいじょうぶかしら

一本道めいろ レベル★★★★

24 おしゃれでキュートなベラボット

ベラボットは、きせつにあわせていしょうチェンジすることもあるよ。
きせつといしょうがあっているベラボットは、あ〜えのどれかな？

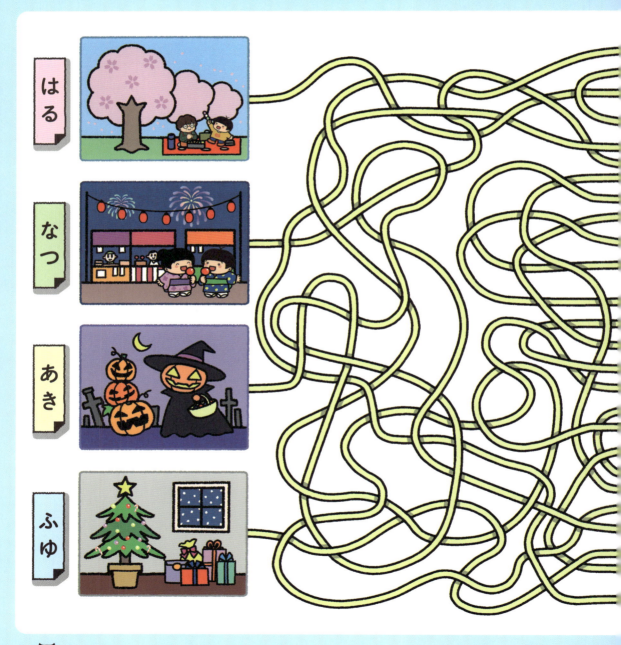

クイズ 2月22日はなんの日かな？

きせつのデザート
おすすめですよ♪

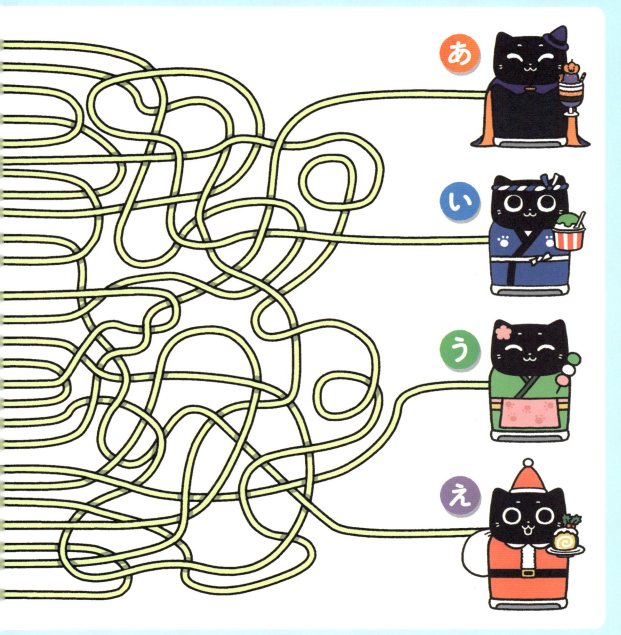

41

まちがいさがし2

ネコロボキーホルダーがほしい!!

まちがい 10 こ

ひだりとみぎの絵には、**まちがいが10こあるよ。** わかるかな？

みつけたらチェックしてニャ！

チャレンジコース

順序めいろ　レベル ★☆☆☆

25 じゅんばんに
たべよう

パワーアップ

「サラダ🥗」➡「ポテト🍟」➡「ハンバーグ🍴」➡「ライス🍚」
➡「スープ🍲」のじゅんにたべてゴールをめざそう！　⚠ ななめにはすすめないよ。

スタート　ゴール ⬇

クイズ　絵の中でいちばん多いりょうりはなにかな？

制約めいろ　レベル ★☆☆☆

26 ねこちゃんパラダイス

チャレンジコース

パワーアップ

5ひきのねこちゃんに会える道をとおって、ゴールをめざそう。
5ひきより多くても、少なくてもダメだよ。

がんばってニャ

ニャンもん　みつけて　あくびをしているねこちゃんはどこかな？

45

チャレンジコース

集めるめいろ　レベル ★☆☆☆

まんまるの おたのしみ

あみだくじのルールで、キャットタワーをのぼろう。
とちゅう、ボールであそべるよ。いちばんたくさんのボールであそんだねこは？

まんまる　　カンちゃん　　ミヌちゃん　　ラグちゃん

クイズ　ボールはぜんぶでなんこあるかな？

ワープめいろ　レベル ★☆☆☆

28 つうしんして ワープだ！①

ネットワークの中のベラボットは、つうしんし合っているよ。
おなじひょうじょうのベラボットにワープして、ゴールをめざそう。

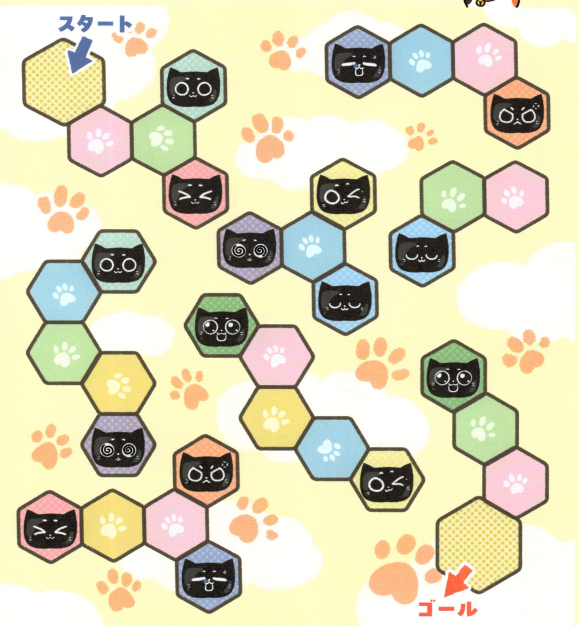

 みつけて　のベラボットをみつけて。

階層めいろ　レベル ★☆☆

29 ベラボットと あそびたい①

まんまるはベラボットのにんぎょうとあそびたいよ。
はしごとすべり台でいどうして、ゴールをめざそう。

ルール
- あかいはしご ➡ のぼる
- あおいすべり台 ➡ おりる

みつけて　にくきゅうマークはどこかな？

指示めいろ

レベル ★☆☆☆

30 ベラボットと すごろく

マスにかいてある指示にしたがって、ベラボットをゴールまですすめよう。

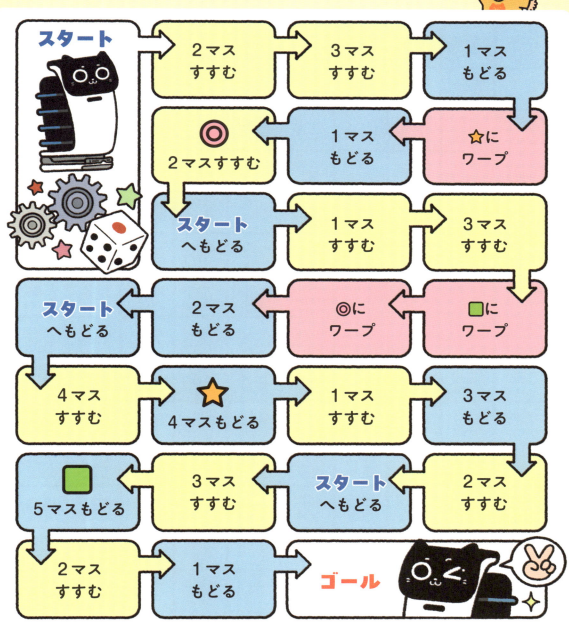

クイズ　なん回の指示でゴールできたかな？　※スタートはふくまない。

チャレンジコース

順序めいろ　レベル ★★☆☆

31 ごはんのときの ごあいさつ

「い」「た」「だ」「き」「ま」「す」のじゅんにたどって、ゴールをめざそう！　⚠ ななめにはすすめないよ。

ニャンもん　みつけて　1もじだけ「ず」がまぎれているよ。どこかな？

制約めいろ

レベル ★★☆☆

つうろをきれいに おそうじ

ベラボットのなかまのおそうじロボット、「PUDU CC1」。
つうろのよごれをぜんぶそうじして、ゴールしよう！

ルール
- ぜんぶのよごれをそうじする。
- １回とおった道はとおれない。

パワーアップ

チャレンジコース

クイズ なんかしょのよごれをそうじしたかな？

集めるめいろ　レベル ★★☆☆

33 スターをあつめてスターになろう！

ベラボットとおばあちゃん、それぞれのエリアのスターをあつめて、ひなたにとどけよう。いちばん多くあつめられる道をさがしてね。どちらが多くあつめられるかな。

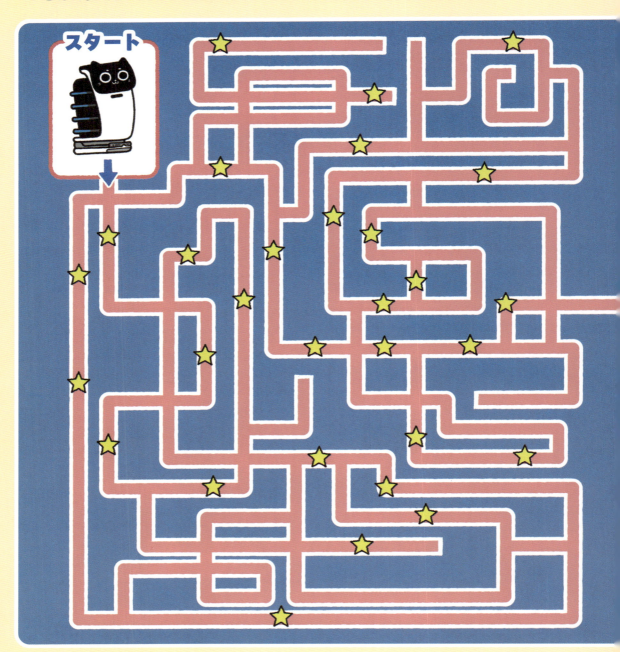

クイズ　52～53ページであつめられなかったほしは、ぜんぶでいくつ？

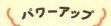

かぞえながら
いろいろな道をためそう!

ルール
● こうさてんを
とおれるのは1回だけ。

チャレンジコース

階層めいろ　レベル ★★☆☆

34 デパートのレストランへ

エレベーターをのぼりおりしながら、ゴールのレストランをめざそう。

ルール
- あかいエレベーター ➡ のぼり
- あおいエレベーター ➡ くだり
- 1回つかったエレベーターはつかえない。

スタート

クイズ　ゴールするまでに、なん回エレベーターにのったかな？

パワーアップ

エレベーターののぼりと
くだりをまちがえないでニャ

ワープめいろ　レベル ★★☆☆

35 つうしんして ワープだ！②

ネットワークの中のベラボットは、つうしんし合っているよ。
おなじひょうじょうのベラボットにワープして、ゴールをめざそう。

クイズ 絵にベラボットのひょうじょうはなんしゅるいある？

指示めいろ レベル ★★☆☆

36 ベラボットはガイドさん

めいろをすすみながら、とちゅうのベラボットの指示にしたがって、ゴールをめざそう。

ルール
- いきものがいるところはとおれない。
- 1回とおった道はとおれない。

なぞなぞ　なぞなぞがすきなカエルは、なにガエル？

チャレンジコース

順序めいろ レベル ★★★☆

37 じゅんばんに とどけるニャ

パワーアップ

セットされたじゅんばんにテーブルをまわって、
りょうりをとどけよう。

ルール
- A ➡ B ➡ C ➡ D のじゅん。
- 1回とおった道はとおれない。

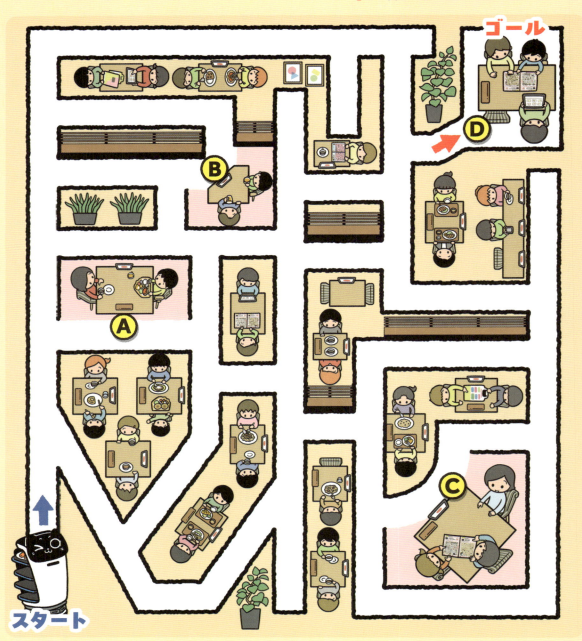

みつけて　めいろあそびをしている人はどこかな？

制約めいろ

パワーチャージ
しながらすすめ！

3マスすすむごとにベラボットのじゅうでんをしながら、ゴールしよう！

ルール
- 「⚡」のマークに止まるとじゅうでんできて、また3マスすすめる。
- 1回とおったマスもすすめる。
- ななめにはすすめない。
- あかいかべはとおれない。

クイズ マスはぜんぶでいくつあるかな？

チャレンジコース

集めるめいろ　レベル ★★★☆

39 おさらを あつめるニャ

めいろのとちゅうのおさらを、できるだけ多くあつめよう。
いちばんおさらを多くあつめられるベラボットは？

ルール
いきどまりのおさらは あつめられない。

パワーアップ

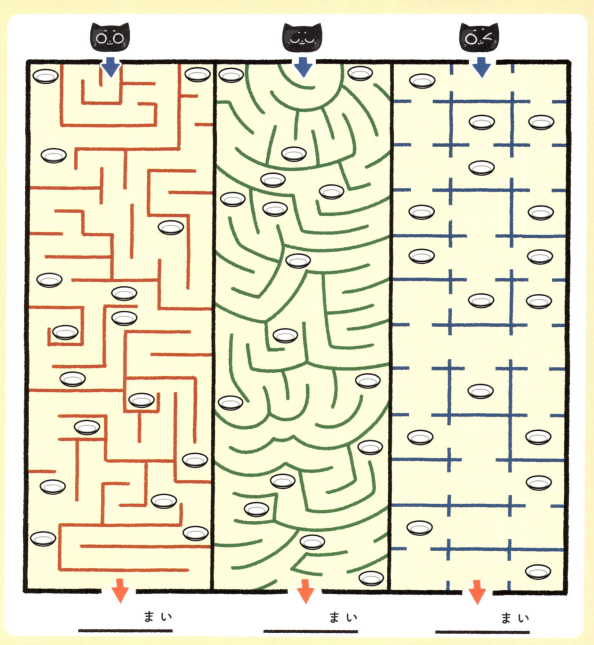

クイズ　ぜんぶでなんまいのおさらをあつめられたかな？

ワープめいろ　レベル ★★★☆

40 つうしんしてリレーだ！

つうしんスポットにつくと、おなじいろのネクタイをしたベラボットがうごき出すよ。つうしんリレーしながら、ゴールをめざそう。

クイズ　リボンのようなネクタイを、ぞくになんという？

41 ベラボットとあそびたい②

階層めいろ　レベル ★★★☆

スタートから、📍のおもちゃぜんぶであそんで、ゴールのベラボットにんぎょうをめざそう。

ルール
- あかいはしご ➡ のぼる
- あおいすべり台 ➡ おりる
- 1回つかったはしごとすべり台はつかえない。

クイズ　ねこがしずかに歩くためにクッションとなるのは？

指示めいろ

レベル ★★★☆

42 どっちがさきにゴールするかニャ？

チャレンジコース

「ベラボット1ごう」は1回に2マス、「ベラボット2ごう」は1回に3マスすすめるよ。さきにゴールするのはどちらかな？

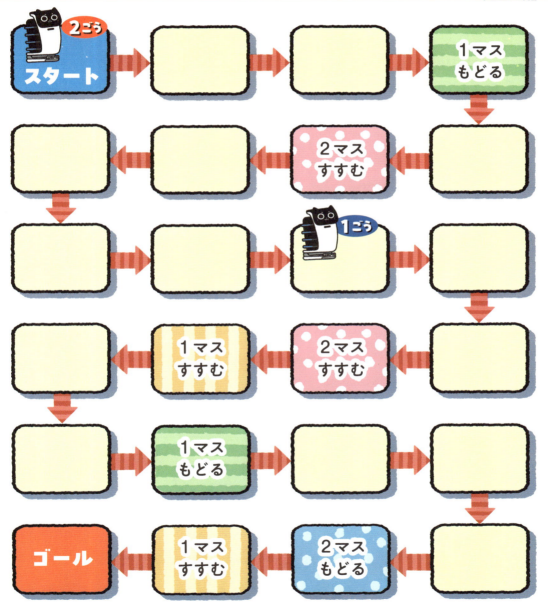

おしえて　おきにいりのめいろはどれかな？

順序めいろ

43 コインを あつめよう

レベル ★★★★

パワーアップ

ベラボットのコインをA→B→C→Dの じゅんにあつめて、ゴールをめざそう。

ルール
- はしごは、のぼったりおりたりできる。
- はしの下は、とおりぬけられる。
- 1回とおった道はとおれない。

クイズ はしをなん回わたったかな？

制約めいろ 44 ベラボットに きをつけて

レベル ★★★★★

おりょうりをはこんでいるベラボットをじゃませずに、ゴールのドリンクバーをめざそう！

ルール
- ベラボットがいるマスとベラボットのまえのマスはとおれない。
- ななめには、すすめない。

おしえて　ドリンクバーでよくのむドリンクは？

集めるめいろ　レベル★★★★

ちゅうもんのおりょうりを ぜんぶのせて

ちゅうもんされたおりょうりだけをあつめて、ゴールのテーブルをめざそう！

クイズ　ドリアは、どこのくにて生まれたりょうりかな？

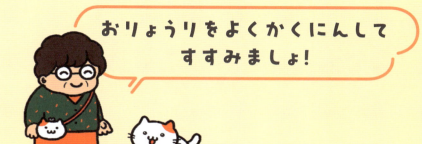

おりょうりをよくかくにんして すすみましょ!

チャレンジコース

ワープめいろ　レベル ★★★★

46 デザートを おとどけするニャ

パワーアップ

おなじデザートをワープしながら、ゴールをめざそう。

おしえて　絵の中で、いちばんすきなデザートは？

階層めいろ

レベル ★★★★

47 デパートで おかいもの

エレベーターをのぼりおりしながら、📍のおみせをまわってゴールをめざそう。

パワーアップ

チャレンジコース

ルール
- あかいエレベーター ➡ のぼり
- あおいエレベーター ➡ くだり
- 1回とおった部屋はとおれない。

クイズ なんかいだてのデパートかな？

指示めいろ　レベル★★★★

48 おうちまで おみおくりするニャ

めいろのとちゅうで、ベラボットがおうちまでの道のりをあんないしてくれるよ。
あんないのとおりにすすんで、ゴールをめざそう。

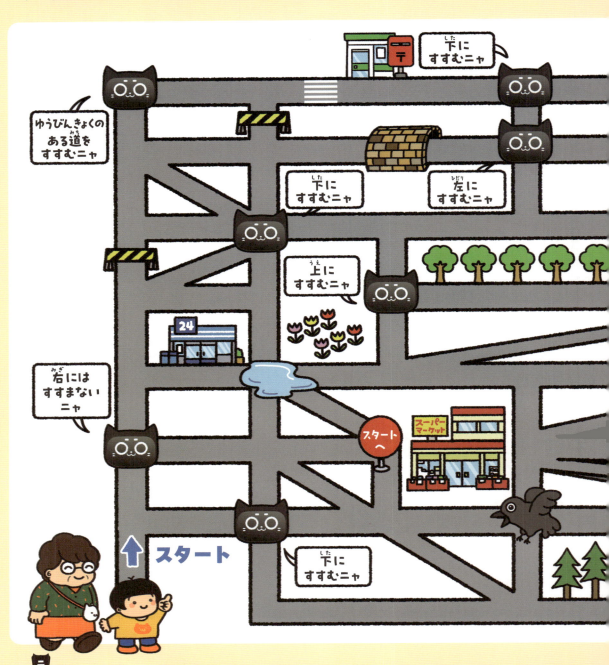

さいしゅうもんだい！
たのしんでね！

ルール
● 1回とおった道はとおれない。

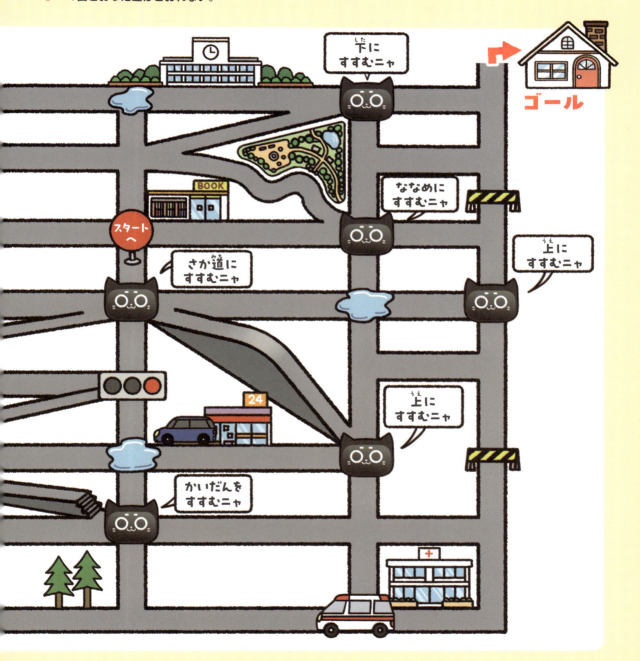

入門コース

1 P10

クイズ　ガスト

2 P11

なぞなぞ　キャッと＊ネコはえいごで cat（キャット）。

3 P12

みつけて　○

4 P13

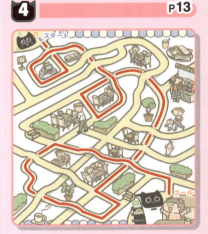

クイズ　ブルー（あお）

5 P14

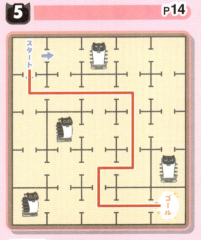

クイズ　まねきねこ

6 P15

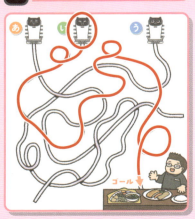

クイズ　4だん

7 P16

しつもん　おしえてくれたものがこたえ

72

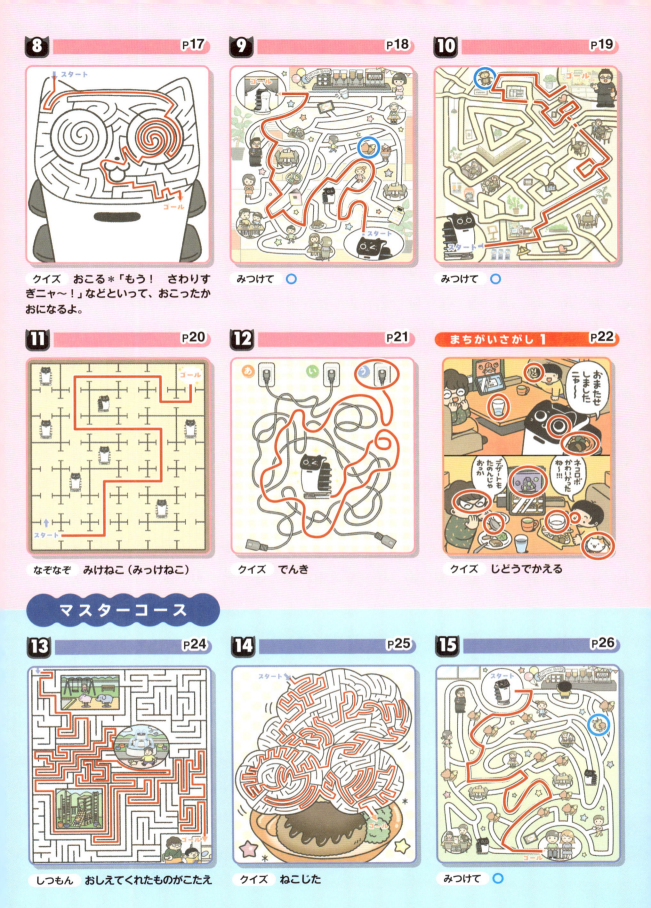

みつけて ○

クイズ　47部屋

クイズ　ブルー（あお）

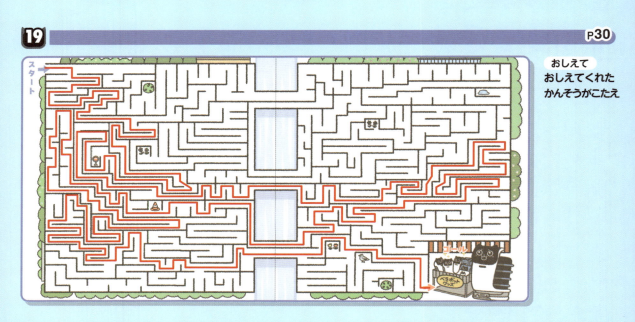

おしえて
おしえてくれた
かんそうがこたえ

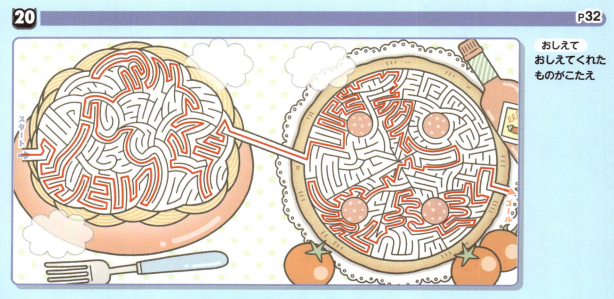

おしえて
おしえてくれた
ものがこたえ

クイズ
はる＊いちごののぼりがあがっているね。いちごは、はるのフルーツだね。

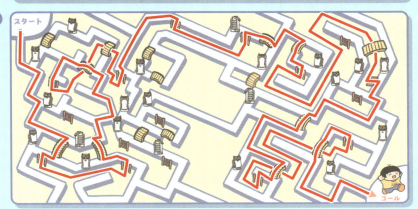

みつけて 21だい

クイズ
上から4部屋、左から4部屋

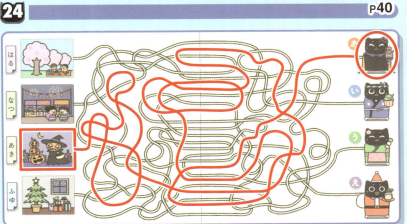

クイズ ねこの日（2ニャン、2ニャン、2ニャン）

おしえて おしえてくれたかずがこたえ

33
P52

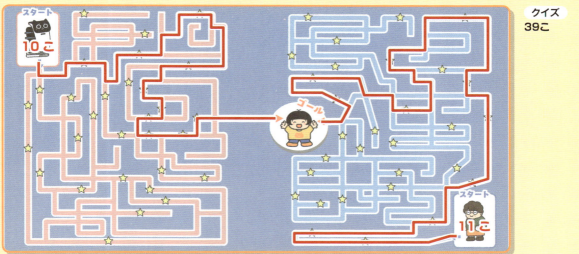

クイズ
39こ

34
P54

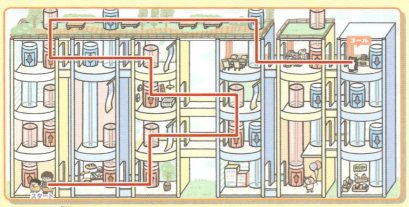

クイズ 5回

35
P56

クイズ 12しゅるい ＊ゴールのベラボットのひょうじょうもはいるよ。

36
P57

なぞなぞ かんがえる

37
P58

みつけて ○

38
P59

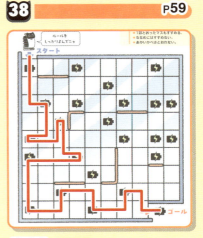

クイズ 88マス

77

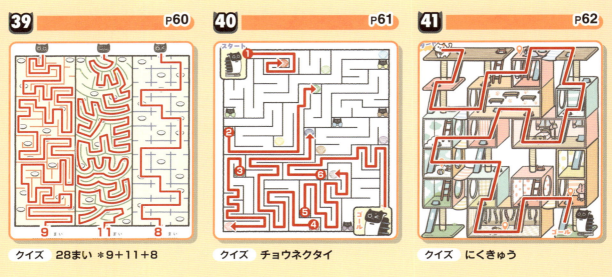

クイズ 28まい ＊9+11+8   クイズ チョウネクタイ   クイズ にくきゅう

おしえて おしえてくれたものがこたえ   クイズ 2回   おしえて おしえてくれたものがこたえ

クイズ にほん   おしえて おしえてくれたものがこたえ

47 P69

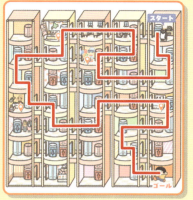

クイズ　7かいだて

48 P70

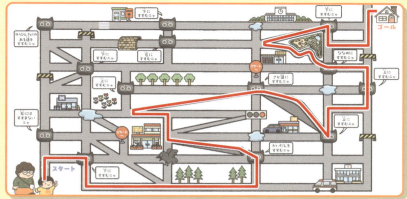

クイズ　3じ＊がっこうのとけいをみてみてね！

めいろをつくってみよう！

つくりかた

1. 右のめいろのわくをコピーしよう。

2. 点と点をつないで線をかいていこう。つなぐ長さにきまりはないよ。ただし、かいた線のかたほうが、かならずそとがわのかべか、そとがわのかべにつながる線にくっつくようにしてね。

3. めいろらしくなったら、道をかくにんしよう。

4. おうちの人やおともだちにめいろをたのしんでもらおう！

キャラクター監修 **Pudu Robotics Japan**（プードゥーロボティクスジャパン）

商用サービスロボット分野のグローバルリーダー。革新的なロボット技術を通じて、人々の生産性の向上と豊かな暮らしに貢献している。2019年12月にネコ型配膳ロボット"BellaBot"を発表。走行性能の高さとコミュニケーション力から、レストランをはじめとして数多くの店舗で採用され、世界60か国で活躍している。

脳科学監修 **篠原菊紀**（しのはら きくのり）

東京大学大学院修了。公立諏訪東京理科大学特任教授。「学習」「運動」「遊び」など日常的な脳活動を調べている。NHK「あさイチ」「ごごナマ」「チコちゃんに叱られる」「子ども科学電話相談」などで脳の働きをわかりやすく解説している。著書・監修本に、『マンガでよくわかる 子どもが勉強好きになる子育て』（フォレスト出版）、『頭がよくなる! 寝る前なぞなぞ』『頭がよくなる! ちょいムズおりがみ』（以上、西東社）など多数あり。

協力	株式会社すかいらーくホールディングス
キャラクターデザイン	ぽころチャレンジ
カバーデザイン	中村理恵
カバーイラスト	ぽころチャレンジ
イラスト	ひらいうたの、ぽころチャレンジ、宮村奈穂、やまざきかおり Getty Images
デザイン	中村理恵
DTP	中村理恵、能勢明日香
めいろ考案	せかあきと

頭がよくなるニャ ベラボットのルンルンめいろ

2025年4月30日発行　第1版

監修者	Pudu Robotics Japan、篠原菊紀
発行者	若松和紀
発行所	株式会社 西東社 〒113-0034　東京都文京区湯島2-3-13 https://www.seitosha.co.jp/ 電話　03-5800-3120（代） ※本書に記載のない内容のご質問や著者等の連絡先につきましては、お答えできかねます。

落丁・乱丁本は、小社「営業」宛にご送付ください。送料小社負担にてお取り替えいたします。
本書の内容の一部あるいは全部を無断で複製（コピー・データファイル化すること）、転載（ウェブサイト・ブログ等の電子メディアも含む）することは、法律で認められた場合を除き、著作者及び出版社の権利を侵害することになります。代行業者等の第三者に依頼して本書を電子データ化することも認められておりません。

ISBN 978-4-7916-3400-2